中國古代四大美人的傳說

漢語拼音版

沉魚・西施的故事

善良勇敢，捨身為國

宋詒瑞　編著

陳巧媚　圖

新雅文化事業有限公司

www.sunya.com.hk

中國古代四大美人的傳說（漢語拼音版）

沉魚・西施的故事

編　　著：宋詒瑞
繪　　圖：陳巧媚
策　　劃：甄艷慈
責任編輯：潘宏飛
美術設計：何宙樺
出　　版：新雅文化事業有限公司
　　　　　香港英皇道499號北角工業大廈18樓
　　　　　電話：（852）2138 7998裏
　　　　　傳真：（852）2597 4003
　　　　　網址：http://www.sunya.com.hk
　　　　　電郵：marketing@sunya.com.hk
發　　行：香港聯合書刊物流有限公司
　　　　　香港新界大埔汀麗路36號中華商務印刷大廈3字樓
　　　　　電話：（852）2150 2100　　傳真：（852）2407 3062
　　　　　電郵：info@suplogistics.com.hk
印　　刷：中華商務彩色印刷有限公司
　　　　　香港新界大埔汀麗路36號
版　　次：二〇一五年五月初版
　　　　　10 9 8 7 6 5 4 3 2 / 2015

ISBN: 978-962-08-6324-0
© 2015 Sun Ya Publications (HK) Ltd.
18/F, North Point Industrial Building, 499 King's Road, Hong Kong.
Published and printed in Hong Kong

前言

「閉月羞花之貌、沉魚落雁之容」，你聽說過這兩句話嗎？這是歷來中國人形容美女的兩大名句。你可知道它們的出處？

原來「閉月羞花、沉魚落雁」這八個字中包含着四個有趣而淒美的故事，敍述了四位中國古代女子可歌可泣的命運。她們都擁有一副令人驚羨的美貌——美麗的西施使河中的魚兒們自慚形穢而沉入河底（沉魚），月亮自愧不如貂蟬的美貌而躲在了雲朵後面（閉月），盛開的花兒不如楊貴妃美而羞愧地低下了頭（羞花），天上的大雁見到出塞路上的昭君忘記飛翔而紛紛落地（落雁）……這樣的比喻有些誇張，但卻別有創意，突顯了人們對四大美女的激賞。

自古以來，中國的美女多如繁星，為何人們往往以此四人為代表來形容女子的美麗，使她們名傳千古呢？

這就是我們編輯出版這套書的理念了。在中國歷史上，女子的社會地位低下，她們不能像男人一樣建功立業，有所成就，只需靠美貌和賢淑來相夫教子

就可以了，因此多少有才氣的女子被壓制。書中的四位古代美女不是普通的美女子，她們的身世經歷影響了國家的命運——善良勇敢的西施為報國仇而犧牲自己的青春和愛情，美麗聰慧的昭君為了國家邊疆的安寧而不惜捨棄舒適的宮廷生活甘當和平使者，有勇有謀的貂蟬設計除去了國賊，精通歌舞的楊貴妃雖然與君王的忠貞戀情引發國事的衰敗，可是卻留藝人間……她們的故事各不相同，但讀來無不令人歎息。而西施、王昭君和貂蟬三位美女的聰慧純真、廣闊胸襟、愛國情懷和自我犧牲精神更是令人讚歎不已。

　　本系列書雖然命名為《中國古代四大美人的傳說》，但是故事的大框架卻忠實於歷史，是一部半虛構作品。希望我們的小讀者們讀了這些故事之後，不僅知道了她們的故事，更深入了解她們的心靈和精神面貌，知道什麼才是真正的「美」，知道應該去追求什麼樣的「美」。

賞 讀

春秋戰國時期，中國大地上有許多諸侯國，其中實力強的諸侯國有齊國、楚國、晉國等，這些國家今天你打我，明天我打你，各個國家都想成為天下霸主。到了春秋末期，有兩個國家吳國和越國實力不斷增強，他們也想稱霸，於是兩個國家開始了長久的吳越戰爭。

在一次戰爭中，吳王率軍打敗了越國，越王勾踐和宰相范蠡都被押到吳國作了人質。

越王從一國國君變成奴隸，受盡屈辱，為了報仇，他卑躬屈膝地服侍吳王。吳王看到勾踐這樣忠心，以為他已經徹底臣服了，就將他放回越國。勾踐回國後開始復國大計；這些計謀包括：一屯兵，加緊練武；二屯田，發展農業；三選派美女送給吳王，以便消磨吳王的鬥志，同時給越國作內線等等。

西施就是在這種情況下被選送到吳國。吳王很喜歡西施，對她千依百順，荒廢了國事。就在吳王沉溺於遊樂時，越王勾踐卻在國內積極發展生產，再加上西施在吳國的配合，勾踐終於打敗了吳國。

西施，她本來只是一個平凡的農村浣紗女，為

什麼會名傳千古、流芳百世呢？這是因為，這位美麗的姑娘不僅貌美出眾，更可貴的是她具有憂國憂民的情懷，見越國被吳國打敗，亡國就在眼前，她憂心如焚，關鍵時刻能捨身為國。

西施犧牲了自己的青春、自己的愛情，告別了家鄉和親人，自願投入敵國去陪伴國家的仇敵——吳國國君夫差，她忍受了多大的委屈和痛苦啊！

關於西施結局的傳說雖然多種多樣，但是流傳最廣的是西施與范蠡雙雙隱世歡度後半生的故事。這說明了人們對這位美麗善良姑娘的喜愛和同情，祝願她在經受過苦難之後能享有美好的人生。

目錄

沉魚・西施的故事

人物介紹

西施

越國的一個普通民間女子，在吳越戰爭中被越國選送到吳國去。她的使命是什麼呢？

夫差

吳國君主，在一次戰役中打敗了越國，逼迫越國國君給自己作奴隸。他非常喜歡西施。這會對吳國造成影響嗎？

美女誕生

在中國東南沿海地區，有個名叫諸暨的地方，那裏山明水秀，風景十分美麗。古時候這裏是越國的一個重要城鎮，古名苧蘿。當時人們怎麼也想不到，這裏的一個小小的村子竟因着一位美麗的姑娘而世世代代名揚全國。

苧蘿城門外有座青翠的小山，叫苧蘿山。從山上淙淙流下一條清澈的小溪，溪水明淨清亮，所以姑娘們都愛到溪邊來挑飲用水和洗滌衣物。苧蘿村村民們都以耕種和養蠶為業，村裏遍種桑

樹，婦女們在家養蠶繅絲，蠶絲是她們的主要收入之一。婦女們發現用這小溪的水洗出來的蠶絲特別光滑細潔，所以就把它稱作浣紗溪。

村子西頭有戶姓施的人家，姓施的人家才剛娶了媳婦，新娘子也常常來這裏浣紗*。這新娘長得好看，性格開朗活潑，心地又善良。她在溪邊洗紗的時候，常常快樂地哼着小曲唱着歌，引得天上的小鳥都飛過來在她身邊盤旋，水裏的魚兒也游過來在她面前嬉戲。其中有一條金光閃閃的鯉魚每次都久久地在

*浣紗：浣：洗滌。紗：一種布料，也代指衣服。浣紗即洗衣服的意思。

tā miàn qián yóu dòng　shě bù de lí qu
她面前游動，捨不得離去。

yǒu yì tiān　　shī jiā xīn niáng lái dào xī biān xǐ shā
有一天，施家新娘來到溪邊洗紗，

zhè tiáo lǐ yú yòu yóu le guò lai　　xīn niáng gāo xìng de qīng shēng
這條鯉魚又游了過來。新娘高興地輕聲

hū huàn dào　　　　lǐ yú a lǐ yú　　nǐ yòu lái le a
呼喚道：「鯉魚啊鯉魚，你又來了啊？

shì lái hé wǒ wán ma
是來和我玩嗎？」

shéi zhī nà tiáo lǐ yú tīng le　　jìng fèn lì yí yuè
誰知那條鯉魚聽了，竟奮力一躍，

tiào jìn le tā de shuǐ tǒng　　xīn niáng lián máng yòng shuāng shǒu bǎ　tā
跳進了她的水桶。新娘連忙用雙手把牠

pěng le qǐ lai　　xiǎng bǎ tā fàng huí xī shuǐ zhōng qù　　shéi zhī
捧了起來，想把牠放回溪水中去。誰知

lǐ yú zhāng kāi zuǐ　　zuǐ
鯉魚張開嘴，嘴

li hán zhe yì kē dà
裏含着一顆大

dà de míng zhū
大的明珠。

xīn niáng zhèng zài
新娘正在

驚訝的時候，鯉魚對準她的嘴，「噗」的一聲，明珠竟然落到了她的嘴裏。新娘慌張極了，竟把珠子吞下了肚。

奇怪的事發生了，新娘吞下明珠後不久，她就懷孕了。臨分娩的那晚，產婦做了一個夢。她夢見一隻五色彩鳥從遠方飛來停在她家屋頂上，清脆地叫了一聲，然後有一道白光穿過屋頂射進屋裏，這隻彩鳥隨着白光飛落下來，直直撲入她的懷裏。她被嚇醒了，醒後覺得肚子痛，不久就生下了一個白白胖胖的女嬰。因為女嬰出生時伴着一道白光，所以父母給她取名叫「夷光」，夷，是

píng ān de yì si
平安的意思。

zhè nǚ yīng zhǎng dà hòu jiù shì xī shī gū niang   tā bù
這女嬰長大後就是西施姑娘，她不

jǐn yǒu wǔ sè cǎi niǎo de měi   yě jù yǒu míng zhū bān chún jié
僅有五色彩鳥的美，也具有明珠般純潔

de xīn
的心。

沉魚傳説

西施漸漸長大，越來越漂亮了。

她不僅是個漂亮的姑娘，而且為人善良，待人和氣，同齡女孩們都愛和她交往。

有一次，村裏的姑娘們都在小溪邊浣紗。西施也端着個盆子過來了，姑娘們見了她，便招呼她過來一起洗。

誰知西施在溪邊一坐下，奇怪的事發生了，水中的魚兒們紛紛游了過來，好像都要來看看這位漂亮的姑娘。更有趣的是，魚兒們一抬頭見到西施的容貌

後，竟急劇轉身，一下子沉到了水底去。姑娘們都嘖嘖稱奇，有人笑着說：

「西施姑娘，你太美了，魚兒們都不好意思在你面前露臉了！」

從此，西施的沉魚美貌就傳開了。

女孩們哪個不愛漂亮呢？不時有人來向她討教：「西施姐姐，你的頭髮怎麼這樣好，又黑又亮，你用什麼洗髮的啊？」

西施笑着回答說：「我每天清早起來去桑樹林採桑葉，老葉嫩葉都帶回家。嫩葉餵蠶，老葉用來煮水洗頭，不知道是不是這個原因。」

這個方法傳開了，村裏姑娘都採桑葉洗頭，果然頭髮都變得烏黑油亮。

又有人來問她：「西施妹妹，你的皮膚怎麼這樣白淨，你的眼睛怎麼這樣明亮？」

西施說：「我每天到溪邊去挑水，用溪水洗臉煮飯燒茶，不知道是不是這個原因啊。」

姑娘們聽了也用溪水洗臉，個個變得水靈靈的，但是全村人都說，只有東頭的鄭家姑娘才可以和西施媲美。

這個女孩叫作鄭旦，父親捕魚，母親在家養蠶，鄭旦比西施大一歲。西施

家住在村西，村東和村西中間隔着那條浣紗溪，她們平日在溪邊浣紗時隔着小溪見過面，點頭打過招呼，可是並不熟悉。一天，西施在村口遇到了鄭旦。

鄭旦一見是西施，連忙迎了上去，熱情地招呼道：「西施妹妹，我們難得碰見，一起坐一會兒吧。」

西施也很高興，便隨着鄭旦在一口井邊並肩坐下。

鄭旦仔細打量着西施，然後笑着說：「他們說

魚兒見了你都要沉到水底去，我還以為是他們誇張的說法呢！現在看，原來是真的啊！」

西施笑道：「姐姐，你別笑話我了，那是大家說笑呢！」

兩人年齡和性格都相仿，很愉快地聊起天來。

鄭旦說：「西施妹妹，怎麼很少見你出門來和姐妹們一起玩耍？你在家不覺得悶嗎？」

剛才還很高興的西施，一聽這話，雙眉緊鎖，歎了口氣說道：「唉，我也想出來玩啊，可是你看我們國家現在

一片凋零，越王都寄人籬下，國家都要亡了，作為一個越國人，哪還有興致玩樂？」

那時是春秋末期，越國和北邊的鄰國吳國之間戰火不斷。在一次戰鬥中老吳王戰死，他的兒子夫差繼位後發誓報仇，三年後吳國大將伍子胥掛帥打敗越國，越王勾踐投降，被迫接受苛刻的條件，帶了夫人和大臣范蠡去吳國當奴隸，服侍夫差，越國上下蒙受着極大的恥辱。

鄭旦也低下頭輕聲道：「是啊，想不到我們越國會落到這等地步！」

西施捏緊了拳頭說：「如果有機會能為國家做點事，我一定全力以赴！」

范蠡選美

勾踐在吳國服侍吳王，幫他養馬，陪他玩樂，吳王夫差看他這麼盡心盡力，不久便放他回國。

勾踐終於回到自己的祖國，一想到自己在吳國所受的屈辱，就立誓一定要向吳國報仇。他放棄宮殿裏的舒適生活條件，每晚睡在柴草堆上，在自己座位上方懸掛着一個豬膽，抬頭就能望見它，吃飯時要先嘗一嘗膽味。意思是他不貪圖安逸，要發憤圖強，刻苦磨練自己的意志，時刻想着報仇大計。

勾踐一方面臥薪嘗膽，同時苦心經營，使國力漸漸強盛起來。他的兩位心腹大夫文種和范蠡為他出謀獻策，制定了「滅吳七計」，包括向吳國贈送土地、進貢財寶、賄賂吳王身邊大臣，離間吳王和忠臣的關係、鑄造武器，訓練士卒，尋找機會攻吳滅吳……等等。

成語說說

臥薪嘗膽

　　勾踐被吳國打敗後，被迫到吳國去服侍吳王，為了讓吳王相信自己已經完全屈服，他甚至在吳王生病時，去嘗他的大便，以幫助吳王判斷病情，吳王因此非常感動，認為勾踐對自己一片忠心，於是放他回國。

　　回國後的勾踐發誓一定要報仇。為了怕自己消磨鬥志，他讓人在自己的座位上方懸掛苦膽，每次吃飯時他就嘗嘗苦膽，用這種方式來激勵自己早日攻滅吳國。薪是指柴堆。

范蠡向勾踐建議在全國挑選兩名漂亮的女孩送到吳國去，夫差整天和兩位漂亮女孩玩耍，肯定會慢慢疏遠國家，勾踐認為這個主意很好。

甄選美女的差事就交給了范蠡。

范蠡在全國選了一些漂亮的女孩，可是還是不滿意。這一天，他坐船來到諸暨，聽說有個十五歲的美麗女孩住在西村，名叫夷光；又聽說這女孩常常到浣紗溪來洗紗。他就催船來到那條小溪旁，只見一個女子獨坐在溪邊石塊上，身邊放着一籃白羅紗，她沒有在洗紗，卻緊皺雙眉，好像有重重怨愁在心頭。

范蠡心頭一震：這女孩的美貌真是世間少有，可是她卻為何如此愁煩呢？

他正想下船攀談，但是女子已經起身離去。

船夫告訴范蠡說，這個女子就是西村的施夷光。范蠡滿心高興，第二天便直奔西村施家。只見那女子坐在門口梳頭，她沒用什麼脂粉香油，只是一盆浸泡着幾片樹葉的清水。

范蠡上前問道：「姑娘，怎麼沒有香油，而只用清水洗頭？」

女子抬頭見又是昨天船上的那男子，見他並無惡意，便答道：「浣紗織

錦，日做夜做，只為進貢吳國而忙。我們窮女子哪買得起香油啊！」

范蠡一聽，覺得這女子很有憂國憂民的情懷，正是自己想尋覓的理想人選。第三天，他便帶上官用印符，再次去找她。

這天是清明節，女子不在家，而是依照越國風俗，如同其他女孩那樣結伴踏青出遊了。范蠡走上苧蘿山遍處尋找，終於在一處山崖旁見到她。只見她身穿白淨素服，頭纏白紗，淚流滿面。

范蠡大吃一驚，走上前去問道：「姑娘，今天是踏青的日子，該好好遊玩，

你為什麼這副打扮？」

姑娘輕聲道：「你忘了嗎？今天是亡國之日，特地來憑弔……」

范蠡一聽，想起果真三年前的今日就是亡國的那一天！他心裏一震，心想這女子果然不同一般的女子，他連忙說明身分，表明來意。女子知道了眼前這位翩翩君子就是越國賢臣范蠡，她睜大眼睛，說道：「原來你是范大夫？你就是同越王到吳國三年的范大夫嗎？」

范蠡說：「原來姑娘如此關心國事。是的，這三年我和越王寄人籬下，受盡了屈辱……」

西施說：「范大夫，我雖然只是一個小女孩，可是每每想到吳國給我們的羞辱，我都吃不下飯！我常恨自己沒有機會為國家做點事！」

范蠡連忙作揖，懇切說道：「現在國家就需要姑娘你了！」

范蠡把來意一一說明，詳細說明了計劃，西施聽後，非常震驚，一是震驚自己果然可以報效祖國，二則是這麼艱巨的任務自己能完成嗎？三則是如果答應，自此後就要遠離故土，去陪伴敵君……

這是多麼痛苦的選擇啊！西施還

是個年幼的少女，就要面對那麼大的責任，怎麼辦呢？是放棄就此任國家忍受屈辱，還是勇敢接受用自己一個人的美好青春，一生幸福來換取以後國家的安定富強，百姓的安居樂業呢？

西施反覆思考着，思考着，她想了很多很多，最後……她終於做出了選擇！

嚴格受訓

除了西施外，范蠡在苧蘿村還選中了另外一名美女，就是鄭旦。

范蠡先把她們送到越國首府會稽。

勾踐見到這兩位美女非常滿意，就想立即把她們送往吳國。

范蠡阻止道：「大王，別急！這兩位女孩雖然漂亮，可是因為她們一直生活在鄉下，很多禮儀她們還不懂，特別是宮廷禮儀。這樣的她們怎麼能到吳國宮廷去服侍吳王呢？」

勾踐說：「有道理，那麼你就快安

排人教會她們禮儀再送去吧！」

范蠡說：「大王，這事急不來，光學會禮儀還是有所欠缺的。除了禮儀，她們還應該有所才藝，比如歌舞，比如琴棋書畫。吳王宮廷裏漂亮的女孩一定很多，如果她們沒有出眾的才藝，她們怎麼可能吸引吳王呢？吳王又怎麼可能會喜歡她們呢？」

對呀，吳王後宮裏並不缺乏美女，怎能保證吳王一定會接納她們呢？這就要設法把她們訓練得出人頭地，要具備特殊的吸引力。

勾踐沉吟了：「范大夫，那麼你認

為需要多久時間，才能把她們訓練出來呢？」

「三年！三年後她們一定是集美、禮儀和才藝都俱全的真正的美女！」范蠡說。

全面培訓開始了。西施和鄭旦脫下粗布衣裙，在越國宮廷裏學習吳國語言、學習歌舞技藝、學習高雅的舉止儀態……

西施聰慧好學，三年下來，她琴棋書畫、絲竹笙歌樣樣精通，成為一位多才多藝的有教養的高貴淑女。

可是，美中不足的是，西施天生

一雙大腳，本來在鄉間幹農活時很有用，現在跳起舞來雖然她的舞姿美妙，但是一雙大腳卻「噼啪噼啪」地踩地作響，很煞風景。宮女們也常用此事笑話她：「瞧這雙特大號腳，做鞋特別費勁吧？」有人卻故意諷刺說：「腳板大，站得穩，永遠不會倒啊！大腳是她的一

雙寶啊。」

訓練她們的禮儀老師和舞蹈老師也

很不滿意她的大腳，但又無可奈何，一

雙腳是天生的啊，有什麼辦法呢？

一位老師想到了裹腳的辦法，她拿

來了一些長布條給西施，說：「你用這

些布條把你的腳緊緊紮起來，紮一段時

間，看看能不能變小些。」

西施試了這個辦法，可是以她的年

齡，雙腳已經成形，不能再裹腳，強制

裹腳的滋味很不好受，痛得她路也走不

成，晚上也睡不着。紮了些日子，一點

用也沒有。

西施為此很苦惱。

有一天，她偶然見到一位宮女腳上穿着一雙鞋底厚厚的木屐，「啪嗒啪嗒」地走過她身邊。西施受到了啟發：對啊，我也可以用這樣的木鞋來掩蓋我的大腳呀！

她就叫人特製了一種帶着厚底的木屐，跳舞時她穿上拖地長裙，就把大腳遮蓋住了。木屐踩地時發出很響的噼啪聲，反而產生了一種意想不到的音響效果。穿着木屐跳舞時，她的纖細身軀左右搖擺，裙襬舞動，更顯得婀娜多姿。

真是太棒了！她的老師也誇她想的

辦法好。解決了大腳問題後，西施更加

努力苦練舞蹈，練得了一身出色舞藝。

　　經過這一番調教，西施果真脫胎換

骨，出落成美麗大方的絕代佳人。

　　就在這段時間，她和范蠡常常接

觸，兩人都很欣賞對方，她和范蠡約

好，等越國消滅了吳國之後，她便回到

越國，兩人生生死死永不分離。

雙美入宮

范蠡把西施和鄭旦帶到吳國宮廷，吳王夫差見到兩位女孩又漂亮又聰明，果然非常喜歡，就打算把她們留在吳國。

可是吳王的大臣伍子胥心想，如果大王整天都陪着兩位女孩玩耍，連國家大事都不理了，那怎麼行呢？於是他就勸吳王把兩位女孩送回去，他說「大王，這兩位的確都是很美麗的女孩，但是大王你想想，歷史上很多美女都弄垮了國家，比如妲己把殷朝弄沒了，褒姒

呢亡了西周，留下她們會對國家不利
啊！」

夫差左想右想，覺得伍子胥說得
也有道理，還是要以國家利益為重，要

褒姒亡了西周

西周時，周幽王很喜歡王后褒姒，可是褒姒有個怪毛病，就是從來都不笑，周幽王為了討好她，想盡各種方法讓她笑。當時的烽火台是起警示作用的，只要烽火台的硝煙升起，就表示有敵人來到，這樣諸侯們就會來救援。有一次周幽王聽了奸臣的話，點燃了通報敵情的烽火台，大批諸侯們紛紛騎馬趕來，可是大家來後，卻不見有敵人，才知道被戲弄了。褒姒看到此種場景，竟意外地笑了。等到真正有敵人來時，上過當的諸侯竟沒有一個來救周幽王，西周就滅亡了。後來人們就把西周的滅亡怪罪在褒姒身上，說是她導致了西周滅亡，其實褒姒並沒有干預朝政，把責任都推給她是不公平的。這就是烽火戲諸侯的故事。

妲己是商朝（即殷朝）紂王的王后，據說紂王非常寵愛她，幹了很多壞事，致使百姓怨恨，後來商朝被周朝所滅。

把精力多放在國家大事上，於是說道：

「范大夫，我們吳國的女孩已經夠多了，這兩個女孩你還是把她們帶回越國吧！」

范蠡一聽，心都涼了，這麼苦苦訓練出來，難道連試一試的機會都沒有嗎？難道所有的辛苦都要付之東流嗎？現在越王交付的命令也無法完成，自己又怎麼能回國呢？就在范蠡焦急萬分也想不出辦法時，西施在下殿路過吳王面前時，故意發出一聲冷笑：「哼！」

一個小小的女孩竟敢對吳王如此不敬，吳王身邊的大臣都變了臉色，高聲

喝止道：「你一個小小的女孩怎麼敢如此無禮！」

不料西施一點也不怕，相反她大聲說道：「我原以為吳王是大英雄，但想不到原來是個昏君啊！」

唉呀，這還了得！吳國士兵就要衝上前去捉拿西施，這時吳王夫差阻止了他們，轉頭問西施：「哦，你說說看，我怎麼是昏君了？你說的有理我就把你留下，你說的沒理，你們就立刻回到越國去！」

誰知西施用手一指伍子胥，說道：「這話不是我說的，而是他！」

伍子胥氣得渾身發抖，正待上前與她辯論，吳王又問：「伍大夫並沒有說我是昏君啊，你給我說清楚這是怎麼回事？」

西施昂起頭，理直氣壯地說：「他把我們比作妲己和褒姒，那麼不就是把大王比作昏

君紂王和幽王了嗎？如果大王不是昏君，又何必懼怕我等兩個小女子呢？難道你這麼大的吳國居然會害怕我們兩個小女子嗎？」

夫差聽了一愣，接着哈哈大笑：「說得有道理，有道理！我不可能是紂王和幽王，你們也不可能是妲己和褒姒，我若遣送她們回國，反倒自認是紂王和幽王，豈不被天下人所恥笑！」

就這樣，西施憑她的機智，進入了吳國內宮。

西施得寵

西施和鄭旦兩人中，吳王夫差更喜歡西施，對她非常寵愛，鄭旦卻被冷落了。後來又生了病，早早去世了。

這下夫差把所有的心思都放在了西施身上，對西施百依百順。為了讓西施高興，他在風景優美的象山為西施建造行宮，御花園裏種植了四季不謝的花草樹木；又造了個雅致的琴台和一條長長的「響屐廊」，讓西施和宮女們穿着木屐在上面跳舞。

西施雖然身在吳國過着奢華的生

活，但她常常想念自己的祖國，所以平時悶悶不樂，不露笑容。夫差見了很着急，總是想方設法引她開心。

一個中秋節的晚上，夫差和西施坐在御花園裏賞月。高高的月亮掛在天上，月色美極了，夫差心情很好。可是身旁的西施卻毫無笑容，夫差關心地問道：「你怎麼啦？是不是身體不舒服啊？為什麼不開心呢？」

西施搖搖頭，柔聲說：「沒什麼，我很好。」

夫差說：「那你應該高興點才是呀！你還想要什麼呢？是不是想要天上

的月亮？」

夫差本是說了句開玩笑的話，西施卻順水推舟地說道：「大王，我想要天上的月亮，你能把它從天上摘下來嗎？」

這下可難為了吳王，他權力再大也沒這個本事啊。夫差尷尬地笑道：「唉呀，你這可難倒我了，你還是提個別的要求吧，我一定能做到。」

可是西施堅持：「我就要你把月亮從天上請下來，放到我手裏！」

見夫差抓腮撓頭一籌莫展的樣子，西施笑道：「大王，這有什麼難的呢？」

夫差說：「難道你有辦法嗎？」

西施微笑着出了個主意：她要吳

王派人在御花園裏挖了個小池塘，每當

月圓之夜，池塘裏倒映出一輪清晰的明

月，西施就在池塘邊用雙手捧着水中月

亮倒影，她對吳王說：「瞧，月亮不是

在我的手中了嗎？」

從此這個小池塘就叫「玩月池」。

一天早上，西施在梳妝台前向夫差

抱怨說：「唉，這裏的脂粉和香水都不

合我的意。你知道嗎？在我的老家，田

野裏長滿了各種各樣美麗的花草，用那

些花草做成的脂粉香水芬芳撲鼻，那才

叫做真正的化妝品呢！」

夫差一聽，決定給西施一個驚喜。

於是，他就悄悄叫人從越國運來各種帶

香味的花草，種植在一個小山坡上，用

這些花草製成了脂粉香水，放在了西施

的梳妝台上。

西施發現供她用的化妝品變了樣，

驚喜地問夫差：「這些脂粉是從哪兒弄

來的？」

夫差得意地遙指遠方一座小山告訴

西施說：「你看前方那座小山，那裏種

的都是從你家鄉帶來的香花和香草，這

些脂粉香水就是用它們做出來的。你喜

歡嗎？」

西施説：「謝謝大王，我很喜歡，那我們就把這座小山叫做香山吧。」

見山後就是越國，西施心想滅了吳國以後回國去的路太遙遠，她靈機一動便説：「大王，那座山上鮮花如此美麗，我們去玩玩吧。唉，可是路太遠了。我們怎麼去呢？」

這還不簡單嗎？夫差笑道。他立刻叫人拿來弓箭，對準香山的方向「嗖」地發出一箭，命令按此路線開挖一條河出來。河鑿成之後，吳王和西施就常常坐船到香山去採香草。

除了這些大工程之外，吳王又令

人在山頂開井，給西施當鏡子照

用；還在山上的池塘裏種

蓮花，他和西施常常

坐着小船在池塘裏賞

花採蓮。這就是吳王

「山頂行船」的奇事。

總之，吳王夫差費盡心思來取悅西施。只要西施要求的，他沒有不答應的，他整日陪着西施玩，連國事都不理了；他又大興土木，勞民傷財，大大削弱了國力。

計除忠臣

伍子胥是越國的老臣子，他老謀深算，頗有心計。夫差本來很依賴他處理政事，可是自從打敗越國後，夫差和伍子胥漸漸疏遠了。

為什麼呢？

夫差打敗勾踐後，自得意滿。他想當霸主，一心北上想去攻打齊國，爭霸天下。可是伍子胥看得比較清楚，他認為鄰國勾踐一直都存有報復之心，並不是對吳國真正的臣服，勾踐一直在等待機會，給吳國致命的一擊，如果去攻打

齊國，越國趁機來襲，國家就危險了，因此吳國真正應該防備的是勾踐東山再起，暫時不要攻打齊國。他一次次向夫差進言，可是夫差就是不聽，他認為伍子胥老了，說的全是糊塗話。夫差不管不顧，令人開鑿向北的河道，積極準備北上。

夫差每天陪着西施遊山玩水，而越國勾踐正在國內努力發展生產，伍子胥聽說了越國國內的形景，更加確定自己的判斷，他心急如焚，一次次向吳王勸諫。剛開始夫差還聽聽他說的話，可是到了後來講多了，夫差一見他就煩，

甚至於拒絕接見他。伍子胥沒有別的辦法，一次就在他們出遊的半途中等着，一見夫差和西施來到他便大膽上前攔着路說：「臣有要事奉告！」

夫差見避不開了，只得說：「什麼事啊？快說！」

西施知道伍子胥是吳國的大忠臣，他一定會說出對越國不利的意見，她必須阻止夫差聽見這些忠告。於是她連忙雙手捂着心口，連聲呼喚：「唉喲，痛啊，痛啊！」

西施有心痛的毛病，此病發作起來，她就兩手捂着胸口，蛾眉緊鎖，一

<ruby>副<rt>fù</rt></ruby><ruby>很<rt>hěn</rt></ruby><ruby>痛<rt>tòng</rt></ruby><ruby>苦<rt>kǔ</rt></ruby><ruby>的<rt>de</rt></ruby><ruby>樣<rt>yàng</rt></ruby><ruby>子<rt>zi</rt></ruby>。

<ruby>夫<rt>fū</rt></ruby><ruby>差<rt>chāi</rt></ruby><ruby>見<rt>jiàn</rt></ruby><ruby>了<rt>le</rt></ruby><ruby>西<rt>xī</rt></ruby><ruby>施<rt>shī</rt></ruby><ruby>這<rt>zhè</rt></ruby><ruby>副<rt>fù</rt></ruby><ruby>樣<rt>yàng</rt></ruby><ruby>子<rt>zi</rt></ruby>，<ruby>心<rt>xīn</rt></ruby><ruby>疼<rt>téng</rt></ruby><ruby>死<rt>sǐ</rt></ruby><ruby>了<rt>le</rt></ruby>，<ruby>忙<rt>máng</rt></ruby><ruby>問<rt>wèn</rt></ruby>：「<ruby>又<rt>yòu</rt></ruby><ruby>犯<rt>fàn</rt></ruby><ruby>病<rt>bìng</rt></ruby><ruby>了<rt>le</rt></ruby>？<ruby>快<rt>kuài</rt></ruby><ruby>快<rt>kuài</rt></ruby>，<ruby>馬<rt>mǎ</rt></ruby><ruby>上<rt>shàng</rt></ruby><ruby>叫<rt>jiào</rt></ruby><ruby>御<rt>yù</rt></ruby><ruby>醫<rt>yī</rt></ruby><ruby>來<rt>lái</rt></ruby>！」

<ruby>夫<rt>fū</rt></ruby><ruby>差<rt>chāi</rt></ruby><ruby>轉<rt>zhuǎn</rt></ruby><ruby>身<rt>shēn</rt></ruby><ruby>揮<rt>huī</rt></ruby><ruby>手<rt>shǒu</rt></ruby><ruby>叫<rt>jiào</rt></ruby><ruby>伍<rt>wǔ</rt></ruby><ruby>子<rt>zǐ</rt></ruby><ruby>胥<rt>xū</rt></ruby>：「<ruby>快<rt>kuài</rt></ruby><ruby>走<rt>zǒu</rt></ruby>，<ruby>快<rt>kuài</rt></ruby><ruby>走<rt>zǒu</rt></ruby>，<ruby>改<rt>gǎi</rt></ruby><ruby>日<rt>rì</rt></ruby><ruby>再<rt>zài</rt></ruby><ruby>談<rt>tán</rt></ruby>！」

成語説説

西子捧心和東施效顰

　　西施的心口常常悶痛，一痛她就會用手捧着胸口，皺着眉，這就是成語西子捧心的由來。由這個成語還延伸出了另一個成語：東施效顰。

　　因為西施捧着胸口的樣子更加令人楚楚可憐，苧蘿東村有一個名叫東施的醜女子見了，便也學着西施的樣子，手捂胸口，緊皺眉頭，在村裏走來走去。哪知醜女的矯揉造作使她的樣子更難看了，人們一見她這副樣子馬上把門緊緊關上；在路上看見她走過來，連忙遠遠躲開。結果東施很快成了大家的笑料。這就是東施效顰的故事。

伍子胥沒辦法，只好離去，他連連
踩腳歎道：「吳國啊吳國，亡國就在眼
前了！」

這一年，越國三個月沒下雨，旱情
嚴重，莊稼歉收。越王勾踐派范蠡和文
種到吳國去借糧。

夫差設宴招待越國兩位大臣，席間
大家討論借糧的問題，伍子胥和吳國另
一位大臣伯嚭發生了爭執。伍子胥認為
越國一直不死心，時時刻刻想着報仇，
不應該借糧給他們。伯嚭則認為鄰國困
難時應出手相助，但是夫差想不到的是
伯嚭早就被越國用重金收買了。

兩人爭執不下，這時望着正在為吳王斟酒的西施，伍子胥靈機一動，問西施道：「按夫人之見，吳國是否應該借糧給越國呢？」

他心想，生為越國人的西施一定會大力慫恿吳王借糧給自己的祖國，這樣吳王也許會生疑，反而不肯借出糧食了。

誰知西施冷靜地回答說：「不該借出。」她的回答出乎大家的意料之外。

伍子胥感到很奇怪，問道：「夫人不是越國人嗎？現在你們國家百姓有難，你難道不想救救他們嗎？」

西施淡淡地說道：「我的確是越國人，我也很想幫助越國百姓，可是如果伍大夫你勸大王借糧給越國，這是『見義勇為』的行為；而我勸大王借糧，這是『假公濟私』啊。」

伍子胥一聽，心裏一怔，心想這個女子真是不簡單啊。

夫差聽了，高興地一拍掌說：「好，既然你不肯『假公濟私』，那我就不得不『見義勇為』了！」於是他下令借給越國一萬擔稻穀。

可是這下就糟糕了。因為這是越國的另一項毒計。

第二年，越國把一萬擔稻穀如數歸還給吳國，這些稻穀粒大飽滿，看起來真是好種子。可是誰也想不到，這些稻穀竟卻全是被蒸熟了的。吳國百姓拿這些被蒸熟了的稻穀播種，到了秋天顆粒無收，吳國鬧了饑荒，餓死許多百姓。可是夫差並不知道這是越國的毒計，他認為造成饑荒的原因，是越國稻穀不服吳國的水土。

夫差不顧伍子胥反對，率兵北上攻打齊國，初戰得勝。這下子他更得意了：伍大夫，你不是勸我不要攻打齊國嗎？齊國也就如此，我不是一下子就打

了勝仗嗎？他在伍子胥面前耀武揚威，其他大臣也紛紛說些慶賀的話，可是伍子胥不僅不祝賀他的這次勝仗，反而語重心長地告誡他：「大王，勾踐現在正積極備戰，他一定會來報仇的，千萬不能大意啊！你不看緊越國，而去攻打齊

國，這樣吳國一定會亡的呀！」

夫差這時正驕傲着呢，哪裏受得了這些話，他惱羞成怒，越來越討厭伍子胥。這時，伍子胥的對頭伯嚭見夫差討厭伍子胥，就編造謊言說伍子胥有裏通外國的叛國行為。這還了得？夫差找到了處置伍子胥的好藉口，便讓人送了一把劍給伍子胥，要他自刎，伍子胥見到劍，老淚縱橫，心想吳國真的要亡國了！伍子胥就這麼死了！吳國唯一清醒能說真話的人沒有了！

吳國滅亡

公元前482年，夫差覺得自己可以稱霸了，他邀請各諸侯們在黃池會盟，想替代晉國，稱霸中原。

西施連忙把這個消息設法告訴了越

黃池會盟

夫差一直想稱霸中原，戰勝了齊國之後，他帶兵來到黃池（今河南封丘西南），邀請當時中原的各諸侯國前來參加盟會，當時晉國一直是各諸侯國的領袖，夫差就想迫使晉國承認自己的盟主地位，晉國當然不肯，就在雙方僵持不下的時候，夫差得知越王勾踐起兵攻吳，吳國太子陣亡！

夫差想了一個辦法，逼迫晉國承認了吳國的霸主地位後，連忙帶人趕回國，這時首都已成為一座空城，大軍士氣低落，和越軍一戰即潰。不得已，夫差只好派人去越軍大營求和。勾踐想，吳國不是一下子能滅得了的，就做了個順水人情，退兵回去了。黃池會盟夫差表面上爭得了霸主地位，實際上吳國已慢慢走向了亡國之路。

國。勾踐見夫差不在吳國首府，立即乘虛而入，帶兵佔領了全城。但是勾踐覺得自己羽翼尚未豐滿，還無力統治吳國大片土地，便收兵回國。

夫差接到消息後匆匆結束了會盟，急忙帶兵回國。他對越國的侵犯非常生氣，大罵勾踐忘恩負義。

西施連忙勸慰夫差，她日夜陪伴着夫差，試圖讓夫差相信越國還是忠於他的，她多次對夫差說：「這次越國的北上進攻只是一時之過，不是無損吳國絲毫嗎？大王這次當上了中原諸侯的領袖，威望越來越大，小小越國怎會不自

量力，以雞蛋來碰石頭呢？」

夫差一聽覺得有道理，他認為自己的權力已經無敵於天下，也就不去計較越國的小過了。照樣吃喝玩樂，花天酒地度日子。

這樣一下子過了八年，而在這八年內，越國勾踐正發奮圖強，他鍛煉士兵，增強國庫收入，安撫百姓，時時刻刻準備攻打吳國。西施也在暗中想方設法配合越國的軍隊，為日後的滅吳作好各方面的準備。

她見吳國境內供飲用的水井很少，想到以後越國士兵打進來後口渴時沒有

水喝，將會很辛苦。她便動腦筋要解決這個問題。

　　距離越國最近的吳國城鎮是個叫木瀆的小地方。西施向吳王説：「大王，我離家已久，很想念家鄉，你能帶我到木瀆鎮上去看看，解解我的鄉愁嗎？」

夫差聽了，當然沒意見，馬上就帶西施去木瀆鎮遊玩。

他們走在木瀆鎮上。走着走着，西施就皺着眉問夫差：「這地方怎麼看不見水井呢？老百姓用的水是從哪兒來的？」

身邊的隨從回答說：「附近有一條小河，老百姓都是從河裏挑水回家用的。」

西施歎口氣說：「那多辛苦啊，為什麼不在街上挖一些井呢？這樣老百姓就方便得多，而且井水比河水乾淨呢。」

夫差聽了覺得西施很關心百姓，便下令在木瀆鎮的街道上一連挖出了十八口水井。

後來當越軍即將攻入時，西施令人準備了許多米糠皮，在每口井裏撒上一層。因為井水很涼，攻入吳國的越國士兵口渴時猛喝冰冷的井水容易得病；水

面上漂浮着一層米糠皮，喝的人就會用
嘴吹吹再喝一口，再吹再喝，如此慢慢
喝下去就不會鬧肚子，能精神飽滿地戰
鬥。

經過了這八年的休養生息，發憤圖
強的越國已今非昔比，國力強盛，士氣
高漲，全國上下一心要討伐吳國，一報

成語說說

休養生息

休養即休息保養；生息是指人口繁殖。國家在經過戰
爭或社會大動盪之後，要減輕人民負擔，安定百姓生活，
發展生產，恢復元氣。這也是越國大臣文種在寫給越王勾
踐的治國方略中的一句話「十年休養，十年生息」。

越國被吳國打敗，幾乎亡國後，文種希望越王勾踐不
要急於報仇，而是先要安定國內的百姓，慢慢把國內的經
濟恢復過來，以積蓄力量。

èr shí nián wáng guó zhī hèn
二十年亡國之恨。

zhè cì yuè jūn cháng qū zhí rù yì zhí dǎ jìn
這次，越軍長驅直入，一直打進

wú guó shǒu fǔ kuài jī fū chāi hái zài yǐn jiǔ zuò lè háo
吳國首府會稽。夫差還在飲酒作樂，毫

wú fáng bèi chóng chóng yuè jūn bǎ gōng diàn wéi le ge shuǐ xiè bù
無防備。重重越軍把宮殿圍了個水泄不

tōng fū chāi jīng è zhī yú míng bái dà shì yǐ qù dǐ
通，夫差驚愕之餘，明白大勢已去，抵

抗是無用的。這時他才想到伍子胥，原來伍大夫一直都在為吳國考慮，為自己考慮啊！他既後悔又羞愧，他囑咐手下人說：「如果我死了，在我臉上遮一塊紅布。到了黃泉之下，我是無臉見伍子胥大夫的啊！」

國家滅亡，自己一國之君即將受辱，夫差不甘心屈降為越國俘虜，便自盡了。

吳國滅亡了。

重會范蠡

吳國滅亡，西施勝利完成任務，終於她不用遠離故土，呆在敵國了。她精心打扮，靜坐在宮中，她在等候誰呢？

她等的人終於來到了！

范蠡匆匆從越國趕來。兩人相見，相擁流淚。這是快樂的淚，這是勝利的淚，他們慶幸經歷了多年的艱辛奮鬥，不負國家所託，終於完成了救國的重大任務。

范蠡柔聲對西施說：「西施姑娘，你自由了！這些年來，真是委屈了你。」

西施流着淚説：「別説我了。這幾年裏你也沒有好日子過呀！」

「是啊，」范蠡歎口氣説，「我親手把你送來後，無時無刻不在思念你，擔心你的安危，吃不香睡不安穩，這樣的日子總算熬到頭了！」

西施問他：「現在我們怎麼辦呢？你估計大王會怎麼安置我？」

范蠡説：「勾踐夫人醋心很重，你如此美貌，她絕不會把你留在宮中，這樣會威脅到她的地位。我早就想好了，我要帶你走，讓我們離開這裏，走得遠遠的，開始我們的新生活吧。」

西施聽了心中很高興，這也是她心中的願望啊。可是她還有疑問：「大王會讓你離開嗎？何況你這次幫助他復國是立了大功，他更離不開你了，也會更重用你的。」

范蠡語重心長地對西施説：「你知道嗎？鳥沒有了，弓也就藏起來不用了。野兔死了，獵狗就要烹煮着吃了。我很了解大王的為人，他很多疑，待人刻薄，只能與他共患難，不能和他同享福，若是留在他身邊，伴君如伴虎，哪會有好日子過？我早就厭倦了這種宮廷生涯，我想要做個平民百姓，太太平平

地生活。」

范蠡把西施從宮中接了出來，雙雙逃走了。他們情投意合，漫遊在五湖四海中。范蠡後來在山東經商，生意做得很成功，發了財，和西施過着愜意的生活，成為了後世商人的楷模，被稱為陶朱公。

成語說說

兔死狗烹

鳥沒有了，弓也就藏起來不用了。野兔死了，獵狗就要烹煮着吃了。比喻事情成功之後，把曾經出過力的人一腳踢開。

越王大軍滅了吳國之後，范蠡清楚地認識到越王不會再任用功臣，他寫信給文種，信中也有這句話，希望文種早日離開越國，但是文種沒有聽他的話，後來果然被勾踐殺掉了。

今天，你若去江蘇省的無錫遊玩，在那裏的幾個著名景點太湖、蠡園等地，處處可聽到范蠡和西施在此逍遙過日子的傳說呢。這些傳說正是寄託了善良的老百姓對西施姑娘和范蠡大夫一片美好的祝願啊。

西施結局

大家都很關心這位奇女子的命運。

可是關於西施的下場，史書中完全沒有記載，而在民間卻有幾種說法：

一說是，按照慣例，戰勝者便能擁有戰敗者的一切，那麼，西施應該歸越王勾踐所有，留在宮裏作了姬妾，侍奉勾踐一輩子。

二說是，勾踐夫人醋心很重，怎容得下夫君把一個絕色女子留在身邊？她覺得西施將會威脅到自己的地位，並且對越國也不利，所以便叫人把西施從宮

中騙了出來，把她裝在麻袋裏，縛上大石頭，投到了江中。

流傳得較廣的就是本故事中提到的第三種說法：西施跟着自己的愛人范蠡悄悄隱居在民間，幸福地度過了下半生。

思考題

1. 西施迷惑吳王，導致吳國滅亡。對於越國人民來說，她是救國的大英雄；但是對於吳國人民來說，她則是滅國的大仇人。你是怎樣評價西施的呢？

2. 吳國滅亡，你認為西施在其中起的作用是決定性的還是輔助性的？真正應該擔負吳國滅亡責任的人是誰呢？

3. 有人說西施是一位有智慧、有勇氣的愛國女孩，但也有人說她是紅顏禍水，你眼中的西施是怎樣一個人呢？說說看。

4. 范蠡明明很喜歡西施，可是卻仍然要送西施到吳國敵君那裏去，你認為范蠡是怎麼樣的人？

5. 范蠡說：「我很了解大王的為人，他很多疑，待人刻薄，只能與他共患難，不能和他同享福。」你了解的歷史上還有哪些是這樣的人呢？你是怎麼評價他們的呢？